I0751337

LE BARBIER DE SÉVILLE

OU

LA PRÉCAUTION INUTILE,

GRAND OPÉRA EN QUATRE ACTES,

D'APRÈS BEAUMARCHAIS ET LE DRAME ITALIEN, PAROLES AJUSTÉES SUR LA MUSIQUE DE ROSSINI,

PAR CASTIL-BLAZE,

Représenté pour la première fois, à Paris, à l'Académie impériale de Musique, le 9 décembre 1853.

Personnages.	*Acteurs.*
LE COMTE ALMAVIVA	MM. CHAPUIS.
BARTHOLO	MARIÉ.
FIGARO	MORELLI.
BASILE	OBIN.
ROSINE	Mmes BOSIO.
MARCELINE	DUCLOS.
PÉDRILLE	MM. KOENIG.
UN NOTAIRE	NOIR.
UN ALCADE	DONZEL.
UN OFFICIER	CANAPLE.

La scène est à Séville.

ACTE PREMIER.

Une rue de Séville. — A droite de l'acteur, la maison de Bartholo, avec un balcon, dont la fenêtre est grillée. — Il fait nuit.

SCÈNE I.

PEDRILLE, MUSICIENS, avec des guitares, des clarinettes, des cors, des bassons.

INTRODUCTION.

PÉDRILLE.

Pianissimo, nous voilà tous,
De sa fenêtre approchez vous.

LES MUSICIENS.

Pianissimo, nous voilà tous,
De sa fenêtre approchons-nous.

PÉDRILLE.

Il va se rendre
En ce séjour,
Faisons entendre
Nos chants d'amour.

SCÈNE II.

LE COMTE, PÉDRILLE, LES MUSICIENS.

LE COMTE.

Pedrille! holà!

PÉDRILLE.

Je suis à vous.

LE COMTE.

Et tes amis?

PÉDRILLE.

Les voilà tous.

LE COMTE.

Fort bien, faisons silence,
Douce espérance!
Je vais la voir.

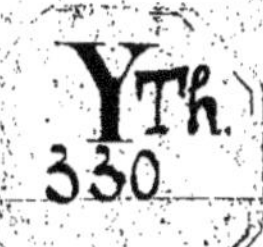

LES MUSICIENS.

Remplissons bien notre devoir.

(Ils accordent leurs instruments, pour accompagner le comte, qui chante sous le balcon de Rosine.)

LE COMTE.

AIR.

Des rayons de l'aurore
L'horizon se colore,
Et celle que j'adore
Est loin de mes yeux.
Viens, ma voix t'appelle,
Et d'un amant fidèle
Daigne écouter les vœux.
Silence... A sa fenêtre
Je vais voir paraître
L'objet dont je suis épris.
Un doux sourire,
De mon martyre
Sera le prix.
Aimable ivresse,
Vive allégresse,
Moment d'amour et de bonheur!
Quel transport agite mon cœur!
Eh bien, Pédrille?

PÉDRILLE.

Monseigneur!

LE COMTE.

La vois-tu?

PÉDRILLE.

Non, vraiment.

LE COMTE.

Il n'est plus d'espérance.

PÉDRILLE.

Monseigneur, le jour avance.

LE COMTE.

Ah! pourquoi tant de rigueur?
(Aux musiciens.)
Mes amis!

LES MUSICIENS.

Monseigneur?

LE COMTE.

Je reconnais ce soin;
De vos talents ici nous n'avons plus besoin.

(Il donne une bourse à Pédrille, qui les paie.)

PÉDRILLE, aux musiciens.

Bonjour à tous, qu'on se retire
Il ne nous reste rien à dire.
Mon maître reconnaît ce soin;
De vous ici nous n'avons plus besoin.

LES MUSICIENS entourent le comte et le remercient.

Il nous paie en seigneur,
Cela doit nous surprendre;
Que de grâces à vous rendre.
Quel profit, quel honneur!

LE COMTE et PÉDRILLE.

Mes amis, c'est assez, point de bruit, taisez-vous.
Race maudite, laissez-nous.

LES MUSICIENS.

Pour nous, qu'elle aubaine!
La chose est certaine.
C'est un homme de qualité.
C'est à la générosité
Qu'on reconnaît la qualité.

LE COMTE et PÉDRILLE.

Quel tumulte, quel vacarme!
Nous faisons un sot métier,
Les marauds sèment l'alarme
Dans tout le quartier.
Allez, allez, race maudite,
Laissez-nous et fuyez vite,
Ou bien je vous ferai chasser.
Quelle peine!
Comment nous en débarrasser?

LES MUSICIENS.

Pour nous, quelle aubaine!
Oh! la chose est certaine,
C'est à la générosité
Qu'on reconnaît la qualité.

(Les musiciens redoublent leurs importunités; le comte et Pédrille, contrariés par le bruit qu'ils font, finissent par les chasser.)

LE COMTE.

Suis-les, Pédrille, ils reviendraient peut-être.

SCÈNE III.

LE COMTE.

Tous les matins je viens, sous sa fenêtre,
D'un mot ou d'un regard implorer la faveur.
A Madrid, à la cour trouve-t-on le bonheur?
Il est pour moi dans le cœur de Rosine.
Oui, je veux qu'elle ignore et mon nom et mon rang;
Etre aimé pour soi-même est un bien si charmant!
Sous ce déguisement, je pourrai j'imagine...

FIGARO, en dehors.

La la la la la la.

LE COMTE.

Au diable l'importun.

(Il se retire sous une arcade.)

SCÈNE IV.

FIGARO, LE COMTE, caché.

FIGARO.

AIR.

Place au factotum de la ville!
La la la la la la la la la.
Vite au travail, on s'éveille à Séville,
La la la la la la la la la.
La belle vie,
En vérité,
Pour un barbier de qualité!
Ah! mon sort est digne d'envie,
La la la la la la la la la,

Et ma gaîté jamais ne finira.
La leran la leran la leran la.
Venez, venez à ma boutique,
Pauvres malades, venez là.
Prenez, prenez mon spécifique,
De tous maux il vous guérira.
Faut-il donner un coup de peigne ?
Messieurs, on est bientôt servi.
Ordonne-t-on que l'on vous saigne ?
Je peux vous opérer aussi.
Et puis, toujours faveurs nouvelles,
Avec les galants et les belles,
Avec les belles, la leran la,
(Lazzie de donner un billet doux.)
Avec les galants la leran la.
(Lazzie de recevoir une bourse.)
La belle vie,
En vérité,
Pour un barbier de qualité !
De toutes parts on me demande,
En mille lieux il faut que je me rende.
— Cher Figaro, dépêchez-vous,
Allez porter ce billet doux.
— Vite la barbe et vite un coup de peigne.
— Ah ! je me meurs! il faut que l'on me saigne.
Cher Figaro, dépêchez-vous,
Allez porter ce billet doux.
Figaro ?— Figaro ?— Figaro ? — Mais de grâce!
Comment voulez-vous que je fasse ?
Figaro ! — Me Voici. — Figaro ! — Me voilà.
Figaro ci, Figaro là,
A vous servir, voyez que je m'empresse,
Je voudrais bien redoubler de vitesse,
Messieurs, laissez-moi respirer !
Qu'avez-vous donc à désirer ?
Ah ! bravo, Figaro !
Bravo, bravissimo !
A la fortune en peu d'instants tu vas voler.

LE COMTE.

En croirai-je mes yeux?

FIGARO.

N'est-ce point une erreur?

LE COMTE.

C'est Figaro.

FIGARO.

Lui-même, monseigneur,
Prêt à servir votre excellence.

LE COMTE.

Appelle-moi Lindor; à mon déguisement,
Ne vois-tu pas qu'il faut de la prudence.

FIGARO.

Je me retire à l'instant.

LE COMTE.

Non, j'attends quelque chose; en diplomate habile,
Figaro dans ce jour peut m'être fort utile.

FIGARO.

Sur ce balcon d'où vient que vous portez les yeux?

LE COMTE.

Sauvons-nous.

FIGARO.

Pourquoi ?

LE COMTE.

Viens! tu me perds, malheureux.
(Ils se cachent.)

SCÈNE V.

BARTHOLO, ROSINE, sur le balcon; LE COMTE, FIGARO, cachés.

ROSINE.

Le grand air fait plaisir! et cette jalousie
S'ouvre si rarement...

BARTHOLO.

Quel papier tenez-vous?

ROSINE.

Une chanson nouvelle, un avis aux jaloux.

BARTHOLO.

Quelque sottise, je parie.

ROSINE laisse tomber le papier dans la rue.

Elle vient de tomber; ma chanson! ma chanson!
Elle sera perdue, ah! Monsieur, courez donc!

BARTHOLO.

J'y vais, j'y vais. (Il quitte le balcon.)

ROSINE regarde en dedans, et fait signe dans la rue.

S't! s't!
(Le comte paraît.)
Ramassez vite.
(Le comte ne fait qu'un saut, ramasse le papier et rentre.)

BARTHOLO sort de la maison et cherche.

Où donc est-elle?

ROSINE.

Au pied du mur, sous le balcon.

BARTHOLO, à lui-même.

Je ne vois rien. Et moi qui bonnement m'acquitte
D'une telle commission!
Bartholo, mon ami, ceci doit vous apprendre
Que vous n'êtes qu'un sot. Rentrez sans plus attendre;
Rentrez donc, signora.

ROSINE.

Quel esclavage affreux!
(Bartholo reparaît au balcon et ferme la jalousie à clé.)

SCÈNE VI.

LE COMTE, FIGARO; ils entrent avec précaution.

LE COMTE.

Voyons cette chanson qui renferme un mystère.
C'est un billet! (Il lit vivement.)
« Votre empressement excite ma curiosité. Si» tôt que mon tuteur sera sorti, chantez indiffé» remment sur l'air connu de ces couplets quel-

» que chose qui m'apprenne enfin le nom, l'état
» et les intentions de celui qui paraît s'attacher
» si obstinément à l'infortunée Rosine. »

FIGARO.

C'est mon affaire.
En perspective ici vous êtes amoureux.

LE COMTE.

Je veux te faire entière confidence.
Tu sauras tout, mais si tu jases !...

FIGARO.

Moi
Jaser !... mon intérêt vous répond de ma foi ;
Pesez tout à cette balance.

LE COMTE.

Fort bien. J'ai rencontré par hasard au Prado
Une jeune personne adorable, charmante.
En vain je la cherchai dans Madrid, Bartholo,
Son mari, sur-le-champ pour tromper mon attente,
L'a conduite en ces lieux, et j'ai su découvrir
Qu'elle s'appelle *Rosine*,
Qu'elle est d'un sang noble, orpheline...

FIGARO.

Et pupille du vieux docteur.

LE COMTE.

Est-il possible ?

FIGARO.

Il n'est encor que son tuteur,
Mais bientôt...

LE COMTE.

Non jamais. Ce tuteur est...

FIGARO.

Avare,
Blasé, rusé, brutal, amoureux et jaloux.

LE COMTE.

A l'attaquer je me prépare.
Mais pour entrer chez lui...

FIGARO.

Reposez-vous sur moi.
Vous voyez son barbier et son apothicaire,
Son chirurgien même et son vétérinaire ;
Il ne se donne pas, chez le malin docteur,
Un seul coup de rasoir, de piston, de lancette,
Qui ne soit de la main de votre serviteur.

LE COMTE.

O mon cher Figaro ! dans tes bras je me jette ;
Tu seras mon libérateur.
Mais chut ! la porte s'ouvre et voici le docteur.

SCÈNE VII.

LE COMTE, FIGARO, cachés, BARTHOLO.

BARTHOLO sort en parlant à la maison.

Je reviens à l'instant, que l'on n'ouvre à per- [sonne.
Basile ne vient pas, et ce retard m'étonne;
Pour notre mariage il doit tout apprêter ;
C'est demain, allons voir ce qui peut l'arrêter.

SCÈNE VIII.

LE COMTE, FIGARO.

LE COMTE.

Qu'ai-je entendu ? Demain il épouse Rosine !
Quel est donc ce Basile ?

FIGARO.

Un tartufe, un brouillon,
Qui montre la musique à sa pupille.

LE COMTE.

Bon !

FIGARO.

N'ayant jamais le sou, fripponneau, j'imagine
Que sans difficulté nous en viendrons à bout.
La voilà. Chantez donc, puisqu'elle vous en prie.

LE COMTE.

Lindor va profiter de cet heureux moment.

FIGARO.

Là, derrière sa jalousie,
Elle a sur vous les yeux, elle écoute, elle attend.

CHANSON.

LE COMTE.

De Lindor la naissance est commune,
Ses vœux, hélas ! sont ceux d'un simple bachelier.
Ah ! s'il pouvait d'un brillant chevalier
Vous offrir le rang et la fortune !

ROSINE.

Bon courage, mais soyez prudent ;
Cet aveu me plaît infiniment.

LE COMTE.

Le matin, ici, d'une voix tendre,
Je chanterai ; pourtant mon cœur est sans espoir ;
Je bornerai mes plaisirs à vous voir,
Puissiez-vous en trouver à m'entendre !

ROSINE.

Tout me dit que Lindor est charmant,
Que je dois l'aimer tendrement.
Tant de zèle, d'amour, de constance,
Recevra bientôt sa récompense ;
Rosine veut...
(On entend une croisée que l'on ferme avec bruit.)

LE COMTE.

Tu me connais, Lindor compte sur ton adresse.

FIGARO.

J'entre ici, Monseigneur, et j'y vais d'un seul coup
Endormir les gardiens, réveiller la tendresse,
Tromper la jalousie, et triompher de tout.
Que chez moi je vous trouve, et d'or soyez prodi- [gue.

LE COMTE.

Pour qui de l'or ?

FIGARO.

Mon Dieu ! c'est le nerf de l'intrigue.

DUO.

D'un métal si précieux
Je connais la magique puissance ;
Et je vous promets d'avance
Le succès le plus heureux.

LE COMTE.

Ah ! voyons ce qu'à ton génie
Ce métal peut inspirer.
Songe bien qu'il y va du bonheur de ma vie.

FIGARO.

Il faut d'abord vous déguiser,
Par exemple... en militaire.

LE COMTE.

En militaire ?
Et pourquoi faire ?

FIGARO.

Le régiment royal vient d'arriver ici.

LE COMTE.

Fort bien, le colonel est mon intime ami.

FIGARO.

Voilà notre affaire assurée,
Un billet de logement
Dans la maison vous donne entrée.
Qu'en dites-vous ?

LE COMTE.

C'est excellent.

ENSEMBLE.

Oh ! la ruse est bien ourdie,
Tout va bien comme cela.
Je rends / Rendez grâce à ton / mon génie.
Ce projet réussira.
(Le comte va pour sortir, Figaro le retient.)

FIGARO.

Piano, pour mieux jouer la comédie,
Et frapper des coups plus certains.
Ayez l'air d'être entre deux vins.

LE COMTE.

Mais à quoi bon ?

FIGARO, imitant la démarche d'un homme ivre, avant de dire ce qui suit.

Pour qu'il ait moins de défiance,
Et se réglant sur l'apparence,
Le tuteur vous croira, dans l'erreur affermi,
Plus pressé de dormir que d'intriguer chez lui.

ENSEMBLE.

Oh ! la ruse est bien ourdie,
Tout va bien comme cela,
Je rends / Rendez grâce à ton / mon génie.
Ce projet réussira.

LE COMTE va pour sortir et revient.

Que de choses ! pourtant j'oubliais la meilleure;
Tête folle, étourdi,
Où donc est ta demeure ?

FIGARO.

Ma boutique, à quatre pas d'ici,
Numéro vingt, troisième arcade,
Vitrage en plomb, belle façade ;
On voit écrit, sur un tableau,
Le nom fameux de Figaro.

LE COMTE.

Je vais partir.

FIGARO.

Mais surtout soyez preste.

LE COMTE.

J'aurai de l'or.

FIGARO.

Je me charge du reste.

LE COMTE.

Je reviendrai.

FIGARO.

Chez moi je vous attends.

LE COMTE.

Cher Figaro !

FIGARO.

Fort bien, je vous comprends.

LE COMTE.

Je porterai...

FIGARO.

La bourse pleine.
La bonne aubaine !
Ne craignez rien,
Tout ira bien.

LE COMTE, à part.

Douce espérance,
Je veux d'avance,
M'abandonner à tes attraits,
Déjà mon ame,
Qu'amour enflamme,
Jouit des biens que tu promets.

FIGARO, à part.

Douce espérance,
Je veux d'avance,
M'abandonner à tes attraits ;
La fortune vers moi s'avance,
L'or et l'argent en abondance
Viennent combler tous mes souhaits.

ACTE DEUXIÈME.

Un salon à quatre portes. — Dans le fond est la croisée qui donne sur le balcon; elle est fermée avec une jalousie grillée.— A gauche est un secrétaire.— A droite, une table, sur laquelle il y a du papier, des plumes, un bougeoir. — Dans le fond, un clavecin avec de la musique dessus.

SCÈNE I.

ROSINE, une lettre à la main.

AIR.

Rien ne peut changer mon ame,
Pour jamais je suis à toi.
Cher objet de ma flamme,
Je veux vivre sous ta loi.
Oui, Lindor a su me plaire,
Il a mon cœur, il a ma foi.
S'il découvre le mystère,
Mon tuteur s'emportera.
Mais cette grande colère,
A la fin s'apaisera.
Oui, Lindor a su me plaire,
Il a mon cœur, il a ma foi.
(Elle cachète sa lettre, la met dans son sein, éteint le bougeoir.)
Je suis douce par caractère,
Mais j'ai la tête un peu légère.
Cher Bartholo, je sais me taire,
Et me soumets
A vos arrêts.
Dans un triste esclavage,
Ne croyez pas me retenir ;
L'oiseau saura s'échapper de sa cage,
L'amour viendra l'ouvrir.

SCÈNE II.

ROSINE, FIGARO.

ROSINE.

Ah! monsieur Figaro, c'est vous; je suis contente
De vous voir.

FIGARO.

Ah! madame, un tel accueil m'enchante.
Il est bon de savoir arriver à propos.
Votre santé?...

ROSINE.

Mauvaise, et l'ennui me tourmente.

FIGARO.

Je le crois bien; l'ennui n'engraisse que les sots.

ROSINE.

Avec qui parliez-vous là-bas en confidence?

FIGARO.

Avec un bachelier d'une grande espérance,
Jeune, plein d'esprit, de talents,
Et d'une agréable figure,

ROSINE.

Tout à fait bien, je vous assure.
Il se nomme?

FIGARO.

Lindor; il est de mes parents,
Il n'a rien; la fortune aurait pu lui sourire,
Mais il est de Madrid parti trop brusquement.

ROSINE.

Il parviendra, monsieur, j'ose vous le prédire.

FIGARO.

Un grand défaut doit nuire à son avancement:
Il est amoureux fou.

ROSINE.

Vraiment?
Et nomme-t-il la personne qu'il aime?

FIGARO.

Vous êtes la dernière à qui je le dirais.

ROSINE, vivement.

Et pourquoi pas? Je suis la discrétion même.
Elle est belle?

FIGARO, la regardant finement.

On n'a pas plus d'attraits;
Mignonne, douce, tendre et la taille élégante,
Bouche de rose, voix charmante,
Pied furtif, cheveux bruns, des mains, des bras, des yeux!

ROSINE.

Qui reste en cette ville, en ce quartier peut-être?

FIGARO.

Tout près de moi.

ROSINE.

Que c'est heureux...
Pour votre parent! Mais je voudrais bien connaître
Son nom.

FIGARO.

Je vous l'ai dit.

ROSINE.

Non pas, vraiment;
Vous l'avez oublié, finissons promptement.
Si l'on rentrait, il serait difficile...

FIGARO.

Cette personne est la pupille.
De votre tuteur.

ROSINE.

La pupille?...

FIGARO.

Du docteur Bartholo, Madame, du docteur.

DUO.

ROSINE, à part.

Je suis donc celle qu'il aime?

Ah ! de son amour extrême
J'ai déjà reçu l'aveu.

FIGARO.

De ce joli roman vous êtes l'héroïne ;
C'est à vous, aimable Rosine,
Que s'adresse un si beau feu.

ROSINE.

Mais, hélas ! de Lindor tout me sépare.

FIGARO.

Ah ! gardez un doux espoir,
Grâce à moi tout se prépare ;
Ici, Lindor viendra vous voir.

ROSINE.

Il viendra ! mais il faut de la prudence ;
Je brûle d'impatience
Pourquoi tarder si longtemps ?

FIGARO.

Il voudrait de vos sentiments
Obtenir au moins quelque signe ;
Si vous daignez tracer seulement une ligne,
Lindor ici dans l'instant se rendra.
Qu'en dites-vous ?

ROSINE.

Il viendra !

FIGARO.

Le temps presse, il faut me remettre
Un mot.

ROSINE.

Je n'oserais.

FIGARO.

Un mot, rien que cela.
(Allant à la table, et montrant le papier, les plumes, etc.)
Pour lui je réclame une lettre.

ROSINE.

Une lettre ?
(Lui donnant la sienne.)
La voilà...

FIGARO.

Elle était prête !
Figaro, tu n'es qu'une bête,
Et ton maître le voilà.

ROSINE, à part.

Ah ! déjà tout me présage
Qu'il est digne de mon cœur.

FIGARO, à part.

Oui, vraiment d'un tel message
C'est se tirer avec honneur.

ROSINE.

Vous me dites qu'en ces lieux ?...

FIGARO.

Il viendra
Vous jurer amour et constance.

ROSINE.

Je brûle d'impatience.

FIGARO.

L'heureux Lindor la calmera.

ROSINE, à part.

Ah ! déjà tout me présage
Qu'il est digne de mon cœur.

FIGARO, à part.

Oui, vraiment, d'un tel message
C'est se tirer avec honneur.

ROSINE.

Dieux ! J'entends mon tuteur, s'il vous trouvait [ici...
(Figaro sort par la première porte à gauche. Rosine s'assied, et prend une broderie au tambour.)

SCÈNE III.

BARTHOLO, ROSINE.

BARTHOLO.

Ah ! malédiction ! le scélérat corsaire !

ROSINE.

Monsieur, d'où vient cette grande colère ?

BARTHOLO.

Pour un instant, j'étais sorti.
Ce damné de barbier a, pendant mon absence,
Eclopé toute ma maison.
Est-il entré chez vous ?

ROSINE.

Quoi ? votre défiance
Se porte jusqu'à lui ?

BARTHOLO.

Ce n'est pas sans raison.

ROSINE.

Eh bien ! oui, je l'ai vu ; sa conversation
Me plaît beaucoup, car il est fort aimable,
Et puissiez-vous en mourir de dépit !

BARTHOLO.

L'Éveillé, la Jeunesse ! oh ! l'Éveillé maudit !
Chiens de valets, allez au diable !

SCÈNE IV.

BARTHOLO, BASILE, FIGARO, caché dans le cabinet, paraît de temps en temps, et les écoute.

BARTHOLO.

Don Basile, arrivez, donnez-vous la leçon ?

BASILE.

Non, je viens vous donner un avis fort utile.
Le comte Almaviva s'est montré dans la ville ;
On l'a vu déguisé.

BARTHOLO.

De quelque trahison
Je me vois menacé. Dites, que faut-il faire ?

BASILE.

Si c'était une homme ordinaire,
Facilement nous pourrions l'écarter.

BARTHOLO.

Et comment ?

BASILE.

On suscite une méchante affaire,
Et lorsque le poison commence à fermenter,
On fait avec ardeur agir la calomnie.

BARTHOLO.

L'attaque est singulière.

BASILE.

Ecoutez, je vous prie,
Jugez si ce moyen n'est point à redouter.

AIR.

C'est d'abord rumeur légère,
Une brise rasant la terre.
Puis, doucement,
Vous voyez calomnie,
Se dresser et s'enfler en grandissant.
Fiez-vous à la maligne envie,
Ses traits, lancés adroitement,
Piano, par un léger murmure,
D'absurdes fictions
Font plus d'une blessure,
Et portent dans les cœurs le feu de leurs poisons.
Le mal est fait, il chemine, il s'avance ;
De bouche en bouche il est porté,
Puis *rinforzando* il s'élance ;
C'est un prodige, en vérité.
Mais enfin rien ne l'arrête,
C'est la foudre, la tempête,
Un *crescendo* public, un vacarme infernal.
Elle s'élance, tourbillonne,
Etend son vol, éclate et tonne,
Et de haine aussitôt un chorus général,
De la proscription a donné le signal.
Et l'on voit le pauvre diable,
Menacé
Comme un coupable,
Sous cette arme redoutable,
Tomber, tomber terrassé !

BARTHOLO.

Je n'entends rien à votre radotage,
Venez, et rédigeons l'acte de mariage.

BASILE.

D'accord ; mais vous savez, docteur, que, sans ar-
On ne peut rien conclure. [gent,

BARTHOLO, lui donnant de l'argent.

Eh bien ! soyez content.

(Ils entrent dans la seconde chambre à droite.)

SCÈNE V.

FIGARO, ROSINE.

FIGARO, sortant du cabinet.

Puisqu'ils sont enfermés, allons ouvrir au comte.

ROSINE, accourant.

Vous êtes encor là !

FIGARO.

C'est fort heureux pour nous.
Apprenez que, demain, vous aurez un époux,
Et Bartholo...

ROSINE.

Grand Dieu !

FIGARO.

Rassurez-vous ;
Il n'est rien que je ne surmonte.
Je vais de telle sorte occuper le jaloux,
Qu'il n'aura pas le temps de songer à la noce.

ROSINE.

Le voici, sauvez-vous, et par cet escalier.

SCÈNE VI.

BARTHOLO, ROSINE.

BARTHOLO.

Oui, je me suis trompé, ma conjecture est fausse.
Je parirais pourtant que ce barbier
Etait chargé de vous remettre
Quelque billet doux, quelque lettre.

ROSINE.

Et de qui ?

BARTHOLO.

De quelqu'un qu'on ne nomme jamais.
Que sais-je ! moi... la réponse, peut-être,
A la chanson de la fenêtre.

ROSINE.

Vous mériteriez bien que cela fût !

BARTHOLO.

Je sais
Que vous avez écrit. Regardez, je vous prie,
Ce doigt taché d'encre.

ROSINE.

Vraiment ?
On se brûle à la bougie,
Un peu d'encre, on est guérie ;
J'use de ce remède et le trouve excellent.

BARTHOLO.

Il faut que ce cahier encor vous justifie ;
J'en ai compté les feuilles ce matin.

ROSINE, à part.

O ciel ! quelle imprudence extrême !

BARTHOLO.

Il en contenait six. Voyons !
Trois, quatre, cinq... Où donc est la sixième ?

ROSINE.

Mais j'en ai fait un cornet à bonbons
Pour la petite Inez.

BARTHOLO.

Cette plume était neuve ;
Qui l'a noircie ?

ROSINE.

Encor !... Voyez la belle preuve !
Je vous brode, Monsieur, une veste au tambour ;
J'ai voulu retracer une fleur effacée.

BARTHOLO.

Que c'est édifiant !... Naïve, sans détour !

Mais, pour que du soupçon j'éloigne la pensée,
Il ne faut pas rougir et pâlir tour à tour.

AIR.

Croyez-vous qu'il soit bien facile
De tromper un docteur tel que moi ?
Vous n'êtes point assez habile,
Je vous en donne ici ma foi.
C'est qu'on a pour la petite,
Fait un cornet à bonbons !
Et c'est à moi que l'on débite
De pareilles inventions !
Votre fable est ridicule,
Je ne suis pas si crédule.
Le moins rusé vous pousse à bout.
Le papier manque, et puis la plume est noire;
Cherchez-vous une autre histoire ?
On ne saurait penser à tout.
J'avais trop de confiance,
Une autre fois, dans mon absence,
Un bon verrou de vous ici me répondra.
Mes gens feront sentinelle,
Crainte de ruse nouvelle,
A cette porte on veillera;
Puisqu'il faut être sévère,
Je vous garde seule ici,
Cette loi vous désespère,
Je prétends qu'il en soit ainsi.
Je me moque de vos plaintes,
Et pour dissiper mes craintes,
Vous ne sortirez pas d'ici.
Croyez-vous qu'il soit bien facile,
De tromper un docteur tel que moi ?
Vous n'êtes point assez habile,
Je vous en donne ici ma foi.

(Il sort par la seconde porte à droite.)

ROSINE.

Grondez, faites murer les fenêtres, la porte,
Cela m'est fort indifférent.

(Elle entre dans sa chambre, la première à droite.)

SCÈNE VII.

MARCELINE.

(On frappe en dehors, Marceline arrive par la seconde porte à droite, traverse la scène pour aller ouvrir au comte. Elle l'introduit et rentre pour aller avertir son maître. Tout cela s'exécute sur le prélude du finale.)

SCÈNE VIII.

LE COMTE, en habit de cavalier, ayant l'air d'être entre deux vins, ensuite BARTHOLO.

FINALE.

LE COMTE.

Holà ! quelqu'un ! personne ici qui me réponde !

BARTHOLO, dans le fond.

Mais, où va cet ivrogne, et que veut-il de nous ?

LE COMTE.

Holà ! quelqu'un ! que le ciel vous confonde !

BARTHOLO.

Seigneur soldat, que voulez-vous ?

LE COMTE.

Ah ! c'est fort bien, et je vous remercie.
Monsieur, dites-moi, je vous prie,
Seriez-vous, par hasard, le docteur Balordo ?

BARTHOLO.

Balordo ?

LE COMTE.

Mais non, Barbe à l'eau ?

BARTHOLO.

Peut-on se tromper de la sorte !
Que le diable vous emporte !
Docteur Bartholo.

LE COMTE.

A merveille ! docteur Barbaro.

BARTHOLO, à part.

L'insolent !

LE COMTE.

Et j'y vois bien peu de différence.

BARTHOLO, à part.

Je n'y tiens plus, et je crève d'impatience.

LE COMTE, à part.

Je vais la voir, douce espérance !

BARTHOLO, à part.

Mais il faut de la prudence.
Parlons-lui sans humeur.

LE COMTE.

Vous êtes donc docteur ?

BARTHOLO.

Oui, monsieur.

LE COMTE.

Permettez que j'embrasse un confrère.

BARTHOLO.

Retirez-vous.

LE COMTE.

Vraiment.
Je suis docteur, la chose est claire,
Le maréchal du régiment ;
On a cru, sans doute, vous plaire
En me logeant chez un confrère.
Examinez ce billet-là,
Le voilà, le voilà.

(Il lui donne le billet.)

(A part.)
Ah ! le sort me favorise,
J'ai trompé le vieux jaloux.

BARTHOLO, à part.

Ah ! le sort me favorise,
Bientôt il filera doux.
Si je me mets en courroux,
Je vais faire quelque sottise.

SCÈNE IX.

LES MÊMES, ROSINE, dans le fond.

ROSINE, à part.
Un soldat... mon tuteur...
De leur débat, je suis surprise.
LE COMTE, à part.
Cher objet de mon ardeur,
Hâte-toi, viens à mon cœur
Rendre la paix et le bonheur.
BARTHOLO, à part.
Je ferais quelque sottise.
En lui parlant avec humeur.
LE COMTE, à part.
C'est Rosine ! c'est elle !
ROSINE, à part.
Il m'a vue, il s'avance.
LE COMTE, bas, à Rosine.
Je suis Lindor.
ROSINE, à part.
O moment plein d'appas !
(Haut).
Ah ! de grâce, messieurs, ne vous emportez pas.
BARTHOLO.
Madame, quelle imprudence !
Sur-le-champ rentrez chez vous.
ROSINE.
Peut-être que ma présence
Calmerait votre courroux.
LE COMTE.
A vous seule, en ces lieux, je veux avoir affaire.
BARTHOLO.
La demande est singulière.
LE COMTE.
N'êtes-vous pas tenu...
BARTHOLO.
De quoi ?
LE COMTE.
De me loger?
BARTHOLO.
De vous loger !
LE COMTE.
Héberger ?
BARTHOLO.
Héberger !
LE COMTE.
Dans votre maison je m'installe.
BARTHOLO.
De céans il faut qu'on détale.
LE COMTE.
Je vais...
BARTHOLO.
Non, je ne puis loger dans la maison.
LE COMTE.
La raison?
BARTHOLO.
S'il faut la dire...
LE COMTE.
Parlez ?
BARTHOLO.
Je vais vous en instruire,
En montrant mon exemption.
LE COMTE, à part.
Juste ciel !
BARTHOLO.
Cela vous chagrine ;
Mais décampez.
(Il va chercher son brevet dans le secrétaire.)
LE COMTE, bas à Rosine, sans quitter sa place.
Belle Rosine !
ROSINE.
Eh quoi! Lindor, c'est vous ?
LE COMTE.
Recevez au moins cette lettre.
ROSINE.
Prenez garde, il a les yeux sur nous.
LE COMTE.
Je ne puis vous la remettre,
Tirez votre mouchoir, elle tombe à vos pieds.
ROSINE.
Par un tuteur jaloux nous sommes épiés.
BARTHOLO, au comte.
Holà ! je n'aime pas qu'on regarde ma femme.
LE COMTE.
Votre femme ?
BARTHOLO.
Eh quoi donc ?
LE COMTE.
Je vous croyais sur mon âme,
Son aïeul paternel,
Maternel, sempiternel.
BARTHOLO. Il trouve le brevet.
Ah !...
(Il lit.)
« Sur le bon, sur le fidèle témoignage... »
LE COMTE donne un coup de main sous le parchemin, et le fait sauter en l'air.
Est-ce que j'ai besoin de tout ce verbiage?
BARTHOLO.
Osez-vous ainsi m'insulter ?
LE COMTE.
Ah ça ! docteur, voulez-vous bien vous taire ?
C'est ici qu'on me loge, ici je veux rester.
BARTHOLO.
Savez-vous bien, monsieur le militaire,
Que si vous me résistez,
Je vous ferai traiter comme vous méritez ?...
LE COMTE.
Eh bien ! bataille,
C'est mon métier ;
Point de quartier,
Frappons d'estoc et de taille.
Bataille, rien n'est si gai,
Je vous le montrerai.
Figurez-vous une rivière,

(Poussant le docteur.)
L'ennemi par là s'est porté,
Les amis sont de ce côté.
(Bas à Rosine, en lui montrant la lettre.)
Sortez le mouchoir.
(A Bartholo.)
Laissez faire.
Attention! attention!
(Rosine tire son mouchoir, le comte laisse tomber sa lettre entre elle et lui.)

BARTHOLO, se baissant.
Que vois-je ?

LE COMTE reprend la lettre.
Qu'est-ce donc ?

BARTHOLO.
Donnez, donnez!

LE COMTE.
Oui, si c'était une ordonnance.
Un billet doux n'est pas de votre compétence,
Et je vais faire mon devoir.

ROSINE avance la main, prend la lettre, et la met dans la poche de son tablier.
Ah! je sais ce que c'est.

BARTHOLO.
Nouvelle impertinence!
Je tromperai son espérance,
Et ce billet, je veux le voir.

ROSINE, pendant ce couplet, a glissé le billet dans son sein, et mis un autre papier dans la poche de son tablier.
Ce billet, qui tant vous chagrine,
De ma poche vient de tomber ;
C'est la lettre de ma cousine.

BARTHOLO.
Voyons toujours ; croyez-vous me tromper?

SCÈNE X.

LES MÊMES, MARCELINE, ensuite BASILE.

BARTHOLO, à part.
Que vois-je ?

MARCELINE entre par la droite et va regarder par la fenêtre.
Figaro ?

BARTHOLO, à part.
Ma surprise est extrême!

MARCELINE, à part.
Que de gens assemblés!

BARTHOLO, à part.
C'est la lettre elle-même.

ROSINE et LE COMTE, à part.
Ah! le sort nous favorise,
J'ai trompé mon / le vieux tuteur.
Cher objet de mon ardeur !
Hâte-toi, viens à mon cœur
Rendre la paix et le bonheur.

MARCELINE, à part.
Je crains quelque surprise,
Pour tromper le vieux tuteur.

BARTHOLO, à part.
Je viens de faire une sottise,
Ce soupçon blesse son cœur.

BASILE, entrant par la droite, un papier de musique à la main, et chantant une leçon de solfége. En arrivant sur l'avant-scène, il cesse de chanter et dit à part :
Je crains quelque surprise,
Pour tromper le vieux tuteur.

ROSINE, pleurant.
A souffrir suis-je condamnée ?
Sur un soupçon toujours me maltraiter.
Quelle triste destinée !
Je ne puis plus la supporter.

BARTHOLO.
Ah ! ma pauvre Rosine !

LE COMTE, menaçant Bartholo.
Aisément je le devine...

BARTHOLO.
Doucement, doucement.

LE COMTE, le prenant au collet.
C'est toi qui causes son tourment.

BARTHOLO.
A l'aide ! à l'aide ! on m'assassine.

LE COMTE.
Sous mes coups il tombera.

ROSINE, MARCELINE, BARTHOLO, BASILE.
Préservez-nous de sa colère !

LE COMTE.
Laissez-moi faire.

ROSINE, MARCELINE, BARTHOLO, BASILE.
Au secours ! au secours !

LE COMTE.
Oui, je vais...

SCÈNE XI.

LES MÊMES, FIGARO, accourant et tirant Bartholo des mains du comte.

FIGARO.
Halte là !
Qu'arrive-t-il, et que viens-je d'entendre ?
Quelle rumeur ! quels cris affreux !
Déjà la foule des curieux,
Vient de se rendre près de ces lieux.
De la prudence,
Mes bons messieurs.

BARTHOLO.
Son arrogance...

LE COMTE.
Son insolence...

BARTHOLO.
Mériterait...

LE COMTE.
Punition.

FIGARO.

Seigneur soldat, qu'allez-vous faire ?
Calmez, calmez cette colère,
Car autrement un bon bâton
Pourrait vous mettre à la raison.

BARTHOLO.

Maudit soldat !

ROSINE, MARCELINE, BASILE, FIGARO, à Bartholo.

Faites silence

BARTHOLO.

Non, je crirai.

ROSINE, MARCELINE, BASILE, FIGARO, au comte.

De la prudence.

LE COMTE.

Je le tûrai !

ROSINE, MARCELINE, BASILE, FIGARO.

Faites silence,
Messieurs, paix là !
De la prudence.

LE COMTE.

Non, point de grâce, il périra.
(Il tire son sabre. On frappe à la porte.)

TOUS.

Mais chut ! on frappe en ce moment.

BASILE.

Qui va là ?

UN OFFICIER, en dehors.

La garde. Ouvrez sur-le-champ.

FIGARO, au comte.

Quelle surprise !

LE COMTE.

Point de surprise.

BASILE, à Bartholo.

Ça le dégrise.

LE COMTE.

Attendons-la.

TOUS, à part.

Cette aventure est surprenante.
Ce débat m'impatiente,
Voyons comment tout ceci finira.

(On ouvre à la garde.)

SCÈNE XII.

LES MÊMES, UN OFFICIER, suivi de quelques soldats et du populaire.

L'OFFICIER.

De par le roi, qu'on s'arrête !
A répondre qu'on s'apprête.
Qui donc cause parmi vous
Ce tumulte épouvantable,
Cette rumeur effroyable ?
Expliquez-vous,
Répondez-nous.

BARTHOLO, à l'officier.

Ce brutal de militaire
M'accablait de sa colère,
Il osait me maltraiter.

FIGARO, de même.

Pour apaiser sa colère,
Je me mêlais de l'affaire,
Mais c'était pour l'arranger.

BARTHOLO, de même.

Ce soldat nous désespère ;
Mêlez-vous de cette affaire,
Il veut aussi me tuer.

LE COMTE, de même.

Ici je n'ai point affaire,
Je vous parle sans colère,
Je venais pour y loger.

ROSINE, MARCELINE, de même.

Je redoute sa colère
Mêlez-vous de cette affaire,
Vous seul pouvez l'arranger.

L'OFFICIER, au comte.

C'est assez, je sais tout. Pour vous apprendre à vivre,
En prison, vous allez nous suivre.

LE COMTE.

En prison ! impossible ; en voici la raison.

(Il remet une lettre à l'officier, qui, après l'avoir lue, la lui rend en le saluant respectueusement ; il fait signe à ses soldats de se retirer dans le fond du théâtre, ce qu'ils exécutent, au grand étonnement de tous, Figaro excepté).

ROSINE, à part.

Quelle surprise ! quel mystère !
Je puis à peine respirer.

LE COMTE, à part.

Je m'amuse de leur colère,
Une parole a dû les apaiser.

BASILE, à part.

Quelle surprise ! quel mystère !
Je puis à peine respirer.

FIGARO.

Voyez, don Bartholo... ah ! vraiment quelle scène
Froid comme un marbre, il peut à peine,
Il peut à peine respirer.

TOUS, à part.

Ah ! vraiment quelle scène !
Je puis
Il peut à peine respirer.

BARTHOLO, aux soldats.

Mais, messieurs...

L'OFFICIER.

Point de bruit.

BARTHOLO.

Apprenez...

L'OFFICIER.

Je sais tout.

BARTHOLO.

Ce soldat...

L'OFFICIER.
C'est fort bien.
BARTHOLO.
Il criait...
L'OFFICIER.
C'est son goût.
BARTHOLO.
Cependant...
L'OFFICIER.
Taisez-vous !
BARTHOLO.
Il faudrait...
L'OFFICIER.
Croyez-moi.
BARTHOLO.
L'engager...
L'OFFICIER.
Point du tout.
BARTHOLO.
A sortir.
L'OFFICIER.
Et pourquoi ?

BARTHOLO.
Que tout ce débat finisse,
Que chacun rentre chez soi.
De vous j'obtiendrai justice ;
Mais, de grâce, écoutez-moi.
L'OFFICIER.
Taisez-vous, croyez-moi.

ENSEMBLE.

Quel tumulte ! quel tapage !
Ah ! j'entends gronder l'orage.
Il enrage, il perd courage,
Et ne sait plus que devenir.
Autour de sa pauvre tête,
Faisons siffler la tempête,
Son fracas va l'étourdir.

BASILE, BARTHOLO, à part.
Quel tumulte ! quel tapage !
Ah ! j'entends gronder l'orage.
J'enrage, je perds courage,
Et ne sais plus que devenir,
Autour de ma pauvre tête,
On fait siffler la tempête,
Son fracas va m'étourdir.

ACTE TROISIÈME.

Même décor.

SCÈNE I.

MARCELINE.

AIR.

Bartholo cherche une femme
Et Rosinette un époux ;
Blessés jusqu'au fond de l'ame,
Tous les deux vraiment sont fous.
L'une est tendre, elle soupire ;
L'autre gronde en son délire.
Leurs plaisirs et leur martyre,
Tout cela vient de l'amour.
Cette passion charmante
Nous afflige, nous enchante,
Souvent elle nous tourmente,
Sans repos la nuit, le jour.
Je l'éprouve aussi moi-même ;
Oui, je vous dirai que j'aime
Jusqu'à perdre la raison :
C'est le mal de la maison.
Si je leur fais bon visage,
Les galants du voisinage
Semblent respecter mon âge,
Ah ! c'est trop être insolent !
Vraiment,
C'est trop être insolent.

SCÈNE II.

BARTHOLO.

Quelle humeur ! quel caractère !
Quand par mes soins je veux lui plaire !
Quand je préviens tous ses désirs !
A mes vœux elle s'oppose,
Et les tourments qu'elle me cause
Pour elle sont des plaisirs.
Voilà comment elle me traite !
Qui diable a pu lui mettre en tête
De ne plus prendre de leçon ?
C'est bien ce qui me contrarie ;
Pour Basile, je le parie,
Elle a pris de l'aversion.
(On frappe à la porte.)
Mais on a frappé.
(Il se lève pour aller ouvrir.)

SCÈNE III.

BARTHOLO, LE COMTE, en bachelier.

DUO

LE COMTE.
Que le ciel vous tienne en joie !

BARTHOLO.

C'est fort honnête, en vérité.
Que voulez-vous ? qui vous envoie ?

LE COMTE.

Que sa grâce se déploie !

BARTHOLO.

Ah ! c'est avoir trop de bonté.
(A part.)
Que me veut cet imbécile ?
Me tromper n'est pas facile.
Serait-ce quelque intrigant ?

LE COMTE, à part.

Le tromper n'est pas facile,
Mais ma ruse est plus subtile,
Et je serai plus habile
Sous ce nouveau déguisement.
(Haut.)
Jouissez d'un sort prospère,
Heureux si je sais vous plaire.

BARTHOLO.

C'en est trop, finirons-nous ?
Ah ! de grâce, expliquez-vous.

LE COMTE, à part.

Quelle heureuse destinée !
Il ne me reconnaît pas.
O moment rempli d'appas.

BARTHOLO, à part.

Quelle triste destinée !
Comment, toute la journée
J'aurai des sots sur les bras !
Que voulez-vous enfin, et dois-je vous prier ?...

LE COMTE.

Monsieur, je suis Alonzo, bachelier,
Licencié, de plus élève de Basile.

BARTHOLO.

Fort bien. Au fait.

LE COMTE.

Un mal subit
Qui le force à garder le lit.

BARTHOLO.

Garder le lit! Basile! Ah! je vais le voir.

LE COMTE, à part.

Diable!
(Haut.)
Quand je dis le lit, c'est... la chambre que j'entends.

BARTHOLO.

N'importe, je vous suis; allons, marchez devant.

LE COMTE.

Monsieur, j'étais chargé de vous apprendre...

BARTHOLO.

Parlez haut.

LE COMTE, élevant la voix.

Que le comte Almaviva
Qui restait sur la grande place...

BARTHOLO.

Bas, parlez bas.

LE COMTE, plus haut.

En est délogé ce matin.
C'est par moi qu'il a su que le comte Almaviva...

BARTHOLO.

Parlez bas, je vous prie.

LE COMTE, de même.

Était en cette ville,
Et que j'ai découvert que de votre pupille
Il a reçu...

BARTHOLO.

Quoi donc?

LE COMTE.

Un billet.

BARTHOLO.

Un billet!
Mon cher ami, parlez plus bas, de grâce!
Tenez, asseyons-nous, et jasons d'amitié.
Vous avez découvert, dites-vous, que Rosine?...

LE COMTE, fièrement.

Assurément, et je me proposais
De vous montrer sa lettre, mais...

BARTHOLO.

L'intrigue me poursuit, m'assiége,
Et je crains de tomber dans quelque nouveau [piége,
Pardon, cher Alonzo, pardon.

LE COMTE.

A la bonne heure, sur ce ton.
Si l'on nous écoutait.

BARTHOLO.

J'y vais, et m'en assure.
(Il va doucement ouvrir la porte de Rosine.)

LE COMTE, à part.

Ah! je me suis enferré de dépit...
Garder la lettre, c'est perdre tout mon crédit.
Je suis forcé de m'enfuir... J'imagine...
La lui montrer, en prévenir Rosine,
La montrer est un coup de maître.

BARTHOLO, revient sur la pointe du pied.

Elle relit
Une lettre de sa cousine...
Voyons la sienne.

LE COMTE.

La voici.

BARTHOLO, lit.

« Depuis
» Que vous m'avez appris
» Votre nom, votre état. » Perfide! Quelle of- [fense!
C'est bien elle.

LE COMTE, effrayé.

Parlez donc bas à votre tour.

BARTHOLO.

Quelle obligation, mon cher!

LE COMTE.

Si quelque jour
Vous croyez m'en devoir, j'attends ma récom- [pense...
Avec un avocat, Basile travaillait.

BARTHOLO.

Je m'en doutais, c'est pour mon mariage.

LE COMTE.

Et pour demain tout sera prêt,
Si par hasard la belle résistait...

BARTHOLO.

Elle résistera.

LE COMTE, veut reprendre la lettre, Bartholo la serre.

Ne perdons pas courage,
Voilà l'instant où je puis vous servir,
En lui montrant la lettre, en lui disant : « Madame,
» Le comte vous trahit, je la tiens d'une femme,
» Qui de votre abandon a dû s'enorgueillir. »

BARTHOLO.

Calomnie et ruse subtile !
En vous je reconnais l'élève de Basile.
Mais pour que tout ceci n'eût pas l'air concerté,
Ne serait-il pas bon qu'elle pût vous connaître ?

LE COMTE, réprimant un mouvement de joie.

Sans doute, mais comment ?... Il est trop tard [peut-être...

BARTHOLO.

Oh ! rien n'est plus facile en vérité.
Je dirai qu'aujourd'hui vous remplacez Basile.
Vous lui donnerez bien une leçon de chant ?

LE COMTE.

Pour vous plaire, il n'est rien, monsieur que je [ne fasse.

BARTHOLO.

Je vais vous l'amener, si je puis, à l'instant.

(Il entre chez Rosine.

SCÈNE IV.

LE COMTE.

Je suis sauvé ; mais redoublons d'audace.
Ouf ! que ce diable d'homme est rude à manier !
Sans l'inspiration subite de la lettre,
Comme un sot, le jaloux allait me renvoyer.
(Il écoute.)
Là-dedans, on dispute... O ciel ! elle refuse.
Va-t-elle s'obstiner à ne pas en sortir ?
C'en est fait, j'ai perdu tout le fruit de ma ruse.
(Il retourne écouter.)
La voici, je l'entends. O bonheur ! ô plaisir !
(Il se retire dans le fond.)

SCÈNE V.

LE COMTE, ROSINE, BARTHOLO.

ROSINE.

Pourquoi donc craignez-vous de renvoyer ce [maître ?
Je vais en quatre mots lui donner son congé.
(Elle aperçoit le comte.)
Ah !...

BARTHOLO.

Qu'avez-vous ?

ROSINE.

Ah ! mon Dieu ! monsieur... j'ai...

BARTHOLO.

Elle se trouve mal !

ROSINE.

Non, c'est qu'en me tournant...
Ah ! ah !...

LE COMTE.

Le pied vous a tourné, madame ?

ROSINE.

Je me suis fait un mal horrible, et c'est à l'ame
Que le coup a porté.

BARTHOLO.

Ce soir, point de leçon ;
Il serait imprudent. Bachelier, adieu.

ROSINE, au comte.

Non,
Attendez ; ma douleur s'apaise.
(A Bartholo.)
J'ai des torts avec vous, monsieur, je suis bien [aise
De les réparer sur-le-champ.

BARTHOLO.

Le bon petit caractère de femme !

LE COMTE, prenant un papier de musique sur le clavecin.

Chanterons-nous cela, madame ?

ROSINE.

Oui, c'est un air mélodieux, brillant,
De *la Précaution inutile.*

BARTHOLO.

Quoi ! toujours *la Précaution inutile* !

LE COMTE.

C'est l'œuvre que, partout, on entend applaudir.
Si madame veut l'essayer...

ROSINE.

Avec plaisir.

(Rosine chante, le comte se met au clavier, Bartholo s'assied.)

RÉCITATIF.

Tout se tait, tout est calme en la nature entière,
Rien n'a trahi mes pas silencieux.
Je te salue, ô terre hospitalière !
Je vais revoir l'objet de tous mes vœux.
Je suis seul... c'est ici que Lise va se rendre ;
Je frémis tour à tour de crainte et de désir ;
Rassurons-nous, je dois l'attendre,
Et pour l'amant heureux, attendre c'est jouir.

AIR.

Charmant bocage,
Ton vert feuillage
Va refleurir.
Nymphe légère,
Jeune bergère,
Vient t'embellir.
O trouble extrême !
Je vais la voir ;
Et Lise même
Au cœur qui l'aime
Rendra l'espoir.
Sensible amante,

Nymphe charmante,
L'amour t'attend.
Mais qui m'agite ?
Mon cœur palpite,
Voici l'instant.

LE COMTE.

Quelle voix superbe ! A merveille.

ROSINE.

Vous me flattez, seigneur.

BARTHOLO.

La voix est sans pareille,
Mais l'air est ennuyeux à périr. Quel travers !
Pourquoi ne pas chanter, là, de ces petits airs
Gais, lourés, sautillants, et que, dans ma jeunesse,
On retenait facilement.
La musique doit-elle inspirer la tristesse ?
Caffarielle était charmant,
Lorsqu'il disait d'un ton plein de tendresse,
Cet air prodigieux, la la la la rela.
Ecoutez, don Alonze, écoutez, le voilà :

ARIETTE.

Près de ma Rosinette...
La chanson disait *Fanchonnette*,
Mais j'ai substitué le nom de *Rosinette*.
Près de ma Rosinette,
Sensible et joliette,
Mon ame est guillerette,
Mon cœur danse le menuet.

(Pendant la ritournelle, Bartholo danse d'une manière ridicule, en faisant claquer ses doigts ; Figaro, derrière lui, imite ses mouvements.)

SCÈNE VI.

FIGARO, ROSINE, BARTHOLO, LE COMTE.

BARTHOLO, apercevant Figaro.

Entrez donc, avancez ; ah ! vous êtes charmant !

FIGARO.

Monsieur, il est vrai que ma mère
(Bas, au comte.)
Me l'a dit autrefois. Bravo !

BARTHOLO.

Barbier droguant,
Quel sujet vous amène ? A votre ministère
Faut-il abandonner encore ma maison ?
Avez-vous quelque lettre à remettre à madame ?
Parlez, je me retire.

FIGARO.

Ah ! comme sans raison
Vous rudoyez le pauvre monde !
Parbleu ! Monsieur, je viens vous raser ; il le faut :
N'est-ce pas votre jour ?

BARTHOLO.

Vous reviendrez tantôt.

FIGARO.

Toute la garnison va prendre médecine ;
Ce soin m'est confié, pourrais-je revenir ?
Monsieur veut-il passer dans la chambre voisine ?

BARTHOLO.

Non, monsieur reste ici.

FIGARO.

Je vais donc tout quérir,
(Bas au comte.)
Et l'attirer dehors.

BARTHOLO, détachant son trousseau de clés, dit par réflexion.

J'irai moi-même ; je vous prie,
(Bas, au comte, en s'en allant.)
Veillez sur eux.

FIGARO.

Le coup aurait été trop beau !
A l'instant il allait me donner le trousseau
Et la clé de la jalousie.

ROSINE.

La plus neuve de toutes.

BARTHOLO, revenant, à part.

Bien !
Moi qui laissais ici ce barbier, imprudence
(A Figaro, en lui donnant le trousseau.)
Là, dans mon cabinet ; mais ne touchez à rien.

FIGARO.

Peste ! il y ferait bon, et votre méfiance !...
(A part, en s'en allant.)
Voyez comme le ciel protège l'innocence !

SCÈNE VII.

BARTHOLO, LE COMTE, ROSINE.

BARTHOLO, bas, au comte.

Ce drôle au comte a porté le billet.

LE COMTE, bas, à Bartholo.

Il m'a l'air d'un fripon.

BARTHOLO.

Parbleu ! je le défie
De m'attraper encore.

LE COMTE.

Oh ! le plus fort est fait.

BARTHOLO.

J'ai dû le renvoyer.

LE COMTE.

J'étais de la partie,
En tiers dans leur conversation.

ROSINE.

Est-il poli, Messieurs, de parler bas sans cesse ?
Et ma leçon ?
(On entend un bruit de vaisselle renversée.)

BARTHOLO, criant.

O ciel ! qu'est-ce que j'entends donc !
Maudit barbier ! insigne maladresse !
Il aura tout laissé tomber par l'escalier.
(Il court dehors.)

SCÈNE VIII.

LE COMTE, ROSINE.

LE COMTE.

Profitons de l'instant qu'un ami nous ménage...
Accordez-moi ce soir, j'ose vous en prier,
Un moment d'entretien ; redoutez l'esclavage...
A l'amour, à nos soins, daignez vous confier.

ROSINE.

Lindor !

LE COMTE.

Je puis monter à votre jalousie.
Le billet que de vous j'ai reçu ce matin,
Je me suis vu forcé. .

SCÈNE IX.

ROSINE, BARTHOLO, FIGARO, LE COMTE.

BARTHOLO.

Le traître, l'assassin,
A tout brisé, fracassé.

FIGARO.

Que de train !
Voyez le grand malheur! lorsque l'on n'y voit goutte,
On accroche une clé, patatras! la déroute.

(Il montre la clé au comte.)

BARTHOLO.

On prend garde à ce que l'on fait.
Accrocher une clé, l'habile homme !

FIGARO.

Sans doute,
Un plus subtil, cherchez-le s'il en est.

SCÈNE X.

LES MÊMES, BASILE.

QUINTETTE.

ROSINE, LE COMTE, à part.

Basile !

FIGARO, à part.

Qu'ai-je vu ?

BARTHOLO, à Basile.

Quoi ! c'est vous ?

BASILE.

Serviteur,
A l'aimable compagnie.

ROSINE, à part.

De frayeur je suis saisie.

ROSINE, LE COMTE, FIGARO, à part.

C'est ici qu'il faut du génie.
Messager de malheur !

BARTHOLO, à Basile.

J'allais chez vous au plus vite,
Soyez le bien rétabli ;
Votre accident n'a donc pas de suite ?

BASILE, étonné.

Mon accident ?

FIGARO, passant le linge au cou de Bartholo.

Mais aurons-nous bientôt fini ?
Oh ! la maudite barbe ! oh ! chienne de pratique!

BASILE, à Bartholo.

Je ne vous comprends pas, il faut que l'on s'explique...

BARTHOLO.

Enfin, avez-vous vu...

BASILE.

Qui ?

BARTHOLO.

Le notaire.

BASILE.

Le notaire ?

LE COMTE, à Bartholo.

Vous savez que sur cette affaire,
Entre nous tout est convenu.

BASILE.

Mais encor faudrait-il ?...

LE COMTE.

Basile, il faut se taire,
Et soyez prudent surtout.
(A Bartholo.)
Vite, vite, renvoyez le,
S'il s'explique devant elle,
Basile gâtera tout.

ROSINE, à part.

Quelle contrainte cruelle !

FIGARO, bas à Rosine.

Croyez-moi, tout ira bien.

LE COMTE, à Bartholo.

Du mystère de la lettre
Don Basile ne sait rien.

BASILE, à part.

L'intrigue, je le pénètre,
Fait agir plus d'un moyen.

LE COMTE, à Basile.

Dans votre état de maladie,
Avec la fièvre, enfin quel est l'homme qui sort ?

BASILE, effaré.

Avec la fièvre ?

LE COMTE.

Ah ! c'est folie !
Il est pâle comme un mort.

FIGARO, lui tâtant le pouls.

Mais voyez le frisson, le mal qui l'assassine,
Vient redoubler son effort ;
Ce sera, je le devine,
Une fièvre scarlatine.

BASILE, effrayé.

Scarlatine !

LE COMTE.

Il faut prendre médecine,
Et croyez ce qu'on vous dit.

FIGARO.

Comme il a mauvaise mine !

TOUS.

C'est la fièvre scarlatine,
Vite, allez vous mettre au lit.

BASILE, à part

A chercher en vain je m'occupe,
Qui diable est ici la dupe ?
Ils sont tous dans le secret.

TOUS.

C'est la fièvre scarlatine :
Allez prendre médecine,
Le grand air vous surprendrait.

BASILE, à part, en recevant une bourse du comte.

Ah ! je devine,
Cette bourse m'a mis au fait.

TOUS.

Quel œil terne ! quelle figure !
C'est la fièvre, je vous assure.

BASILE.

Je vais donc me mettre au lit.

TOUS.

Allez vite, cher Basile,
Vous coucher dans un bon lit.

BASILE.

De vous plaire il est facile,
Adieu, messieurs, cela suffit,
Et je vais me mettre au lit.

ROSINE, LE COMTE, FIGARO, à part.

Pour la peur, c'est heureux d'en être quitte.

TOUS, à Basile.

Adieu, bonsoir,
Jusqu'au revoir.

BASILE sort et revient.

Adieu bonsoir,
Jusqu'au revoir.

TOUS.

Adieu, bonsoir,
Jusqu'au revoir.

SCÈNE XI.

ROSINE, LE COMTE, FIGARO, BARTHOLO.

FIGARO, à Bartholo.

Eh bien ! y sommes-nous ?

BARTHOLO, s'asséyant sur le fauteuil, Figaro le rase.

Fort bien.

LE COMTE, bas, à Rosine.

Rosine, écoutez-moi.

ROSINE.

Parlez, je ne perds rien.

LE COMTE.

J'ai la clé de la jalousie,
A minuit, nous serons chez vous.
Chère ame de ma vie,
Dans ce dessein secondez-nous.

FIGARO.

Ahi ! ahi !

BARTHOLO.

Qu'avez-vous ?

FIGARO.

Dans l'œil il m'est entré quelque chose.

BARTHOLO.

Ne frottez pas.

FIGARO.

Pardon, si j'ose...
En soufflant, cela sortira.

ROSINE, bas au comte.

A minuit ton amante,
Sensible, impatiente,
En ces lieux t'attendra.

FIGARO, faisant des signes au comte pour l'avertir que Bartholo va le surprendre.

Hem ! hem !

LE COMTE, bas à Rosine.

Et quant à votre lettre,
Tantôt je me trouvais dans un tel embarras,
Pour qu'il ne pût me reconnaître
A mon déguisement...

BARTHOLO, s'avançant entre les deux amants.

Mais ne vous gênez pas.
(Il contrefait le comte en répétant ce vers du duo précédent.)
Que le ciel vous tienne en joie.
(Il attaque ensuite avec colère l'allégro suivant) :
Quelle insolence !
Comment ! en ma présence,
On ose m'outrager ainsi.

Vils suborneurs, émissaires du diable,
Je punirai votre ruse coupable,
Traîtres ! sortez d'ici !

TOUS, à Bartholo.

Pourquoi cet accès de démence ?
Docteur, gardez le silence.
Ou l'on se moquera de vous.

BARTHOLO.

Eh quoi ! sans pudeur on m'offense,
Redoutez mon courroux.

TOUS, à part.

Il faut le laisser exhaler sa colère,
L'amour nous promet le destin le plus doux,
Et pour cette nuit dans l'ombre du mystère,
Il vient marquer l'heure du rendez-vous.

BARTHOLO.

Vil suborneur, détestable émissaire,
Redoutez mon courroux !

TOUS.

Ah ! quelle colère !
Fuyons ce loup-garou ;
Il est fou, d'honneur, il est fou !

(Le théâtre s'obscurcit ; on entend un bruit d'orage ; on voit les éclairs à travers les fenêtres.)

ACTE QUATRIÈME.

Même décor.

SCÈNE I.

BARTHOLO, ROSINE.

BARTHOLO, entrant avec de la lumière.

Il faut que je vous parle, écoutez-moi, de grâce !

ROSINE, à part.

Et Lindor va venir !

BARTHOLO.

Que de ruse et d'audace !
(Lui montrant sa lettre.)
Connaissez-vous cette lettre ?

ROSINE.

Ah ! grands dieux !

BARTHOLO.

Au comte Almaviva quand vous l'avez écrite ..

ROSINE.

Au comte Almaviva ?

BARTHOLO.

Voyez quel homme affreux !
Sitôt qu'il l'a reçue, il en a fait trophée ;
Aux mains d'une rivale il l'a sacrifiée.

ROSINE.

Le comte Almaviva ?

BARTHOLO

Des complots odieux
Préparaient en secret mon malheur, votre honte.
Ourdis par Alonzo, qui porte un autre nom,
Par Alonzo, le vil agent du comte.

ROSINE.

Quoi ! Lindor !... ce jeune homme !... horrible trahison !

BARTHOLO, à part.

Ah ! c'est Lindor.

ROSINE.

C'est pour un autre, pour le comte !

BARTHOLO.

Voilà ce qu'on m'a dit.

ROSINE.

Je saurai l'en punir.
Vous vouliez m'épouser ?

BARTHOLO.

C'est toujours mon désir.

ROSINE.

Je suis à vous.

BARTHOLO.

Eh bien, cette nuit même
Le notaire viendra.

ROSINE.

Ma douleur est extrême.
Ce n'est pas tout ; apprenez que dans peu
Le coupable ose entrer par cette jalousie,
Dont ils ont pris la clé.

BARTHOLO, regardant au trousseau.

Nouvelle perfidie !
Je ne te quitte plus.

ROSINE, avec effroi.

S'ils sont armés ?

BARTHOLO.

C'est vrai.
Je vais chercher main-forte, et l'attendre au passage.
Là, comme d'un voleur, je t'en délivrerai.
Que mon amour te dédommage ;
Enferme-toi chez Marceline, viens !

ROSINE, au désespoir.

Oubliez mon erreur, j'en suis assez punie.

BARTHOLO, s'en allant.

Allons nous embusquer. A la fin, je la tiens.

SCÈNE II.

ROSINE.

Le déseepoir est dans mon cœur.
Il va venir... O ciel ! que faire ?
Je veux rester, déguiser ma colère,
Pour mieux le contempler dans toute sa noirceur.

AIR.

Ah ! quelle injure, quelle offense !
O funeste confiance !
C'en est fait, plus d'espérance,
Je succombe à ma douleur.
Son regard était si tendre
Et sa parole avait tant de douceur !
Hélas ! aurais-je dû m'attendre
Que Lindor fût un séducteur ?
O douleur, ô peine extrême !
Il a trahi sa foi ;
Lindor, celui que j'aime,
Est indigne de moi.
Ciel ! on vient.

SCÈNE III.

FIGARO, enveloppé dans un manteau, paraît à la fenêtre, LE COMTE, en dehors.

FIGARO, sautant dans le salon.

Nous voici ; la pluie et le tonnerre
Ne nous arrêtent pas.
(Il donne la main au comte.)

LE COMTE, enveloppé d'un long manteau, saute à son tour.

La victoire est à nous.

FIGARO.

De cette nuit, seigneur, que dites-vous ?

LE COMTE.

Superbe pour l'amant.

FIGARO.

Oui, mais doit-elle plaire
Au confident ?

LE COMTE.

Silence, la voici !

SCÈNE IV.

LE COMTE, ROSINE, FIGARO.

(Figaro allume toutes les bougies qui sont sur la table.)

LE COMTE.

O ma belle Rosine !

ROSINE.

Ah ! si le mariage
Ne devait consacrer le nœud qui nous engage,
Lindor ne serait point ici.

LE COMTE.

Rosine ! vous la compagne chérie
D'un malheureux sans fortune et sans nom !

ROSINE.

Qu'importent ces hasards, si Lindor me répond
De son cœur.

LE COMTE.

Je vous aime, et bien plus que ma vie.

ROSINE.

Arrêtez !... de l'honneur sans profaner la foi...
Tu m'aimes !... Va ! tu n'es plus dangereux pour moi ;
Ce mot est pour mon cœur une cruelle offense.
Avant de te livrer au remords qui t'attend ;
(En pleurant.)
Apprends que je t'aimais, que ma seule espérance
Etait de partager ton malheur, qu'à l'instant
J'allais tout quitter pour te suivre.
Mais cet Almaviva, ce complot, ce billet.

LE COMTE.

O bonheur ! je ne puis former d'autre souhait.

FIGARO.

Monseigneur, vous vouliez être aimé pour vous-même.

ROSINE.

Monseigneur !... que dit-il ?

LE COMTE.

Je ne suis plus Lindor ;
Le comte Almaviva, qui, dès longtemps, vous aime,
Vous supplie à genoux de partager son sort.

ROSINE, tombant dans les bras du comte.

Ah !

TRIO.

ROSINE.

Surprise extrême !
Quoi ! c'est lui-même ?
Moment d'ivresse et de bonheur !

FIGARO.

Il faut que je m'applaudisse ;
De cet heureux artifice
Oui, c'est moi qui suis l'auteur.

LE COMTE.

Quel charme ! quel délire !
Je ne saurais décrire
Ce qui se passe dans mon cœur.

ROSINE.

Ah ! je crains tout de sa fureur jalouse,
Mon tuteur...

LE COMTE.

Il peut venir ;

Le nom de mon épouse
A vos pieds va le retenir.

ROSINE, LE COMTE.

Qu'une flamme si belle,
Dans mon ame soit éternelle !

FIGARO.

Mais partons vite, vous soupirerez après.

ROSINE, LE COMTE.

Après toutes nos alarmes,
Amour, tout cède à tes armes,
Quel bonheur tu nous promets !
Toute la vie
Mon cœur brûlera.

FIGARO.

Partons vite, je vous prie,
Ou ma lanterne s'éteindra.
(Il regarde par la fenêtre.)
Deux personnes à la porte !
Que le diab'e les emporte !
C'est notre homme assurément.

TOUS.

Notre échelle est toute prête,
Par là nous ferons retraite ;
Puisque rien ne vous arrête,
Délogeons tous à l'instant.

FIGARO, regardant à la fenêtre.

L'échelle est enlevée.

ROSINE.

O ciel ! qu'allons-nous faire?

LE COMTE.

Que m'importe !

ROSINE.

C'est moi, moi qui vous ai trahis.

SCÈNE V.

Les Mêmes, LE NOTAIRE, BASILE.

FIGARO.

Monseigneur, c'est votre notaire.

LE COMTE.

Et l'ami Basile avec lui.

BASILE.

Qu'est-ce que j'aperçois?

FIGARO.

Quel hasard vous amène?

LE NOTAIRE.

Sont-ce là les futurs conjoints?

LE COMTE.

Oui, monsieur, par vos soins,
Nous devions être unis dans la maison voisine,
Chez Figaro, barbier, la signora Rosine
A préféré...

LE NOTAIRE.

J'ai donc l'honneur
De parler à son excellence.

FIGARO.

Précisément, à monseigneur
Le comte Almaviva.

BASILE, à part.

Docteur, quelle imprudence!
Si c'était pour cela qu'il me donnait la clé...

LE NOTAIRE.

Voici votre contrat.

LE COMTE.

Signons. L'ami Basile
Voudra bien nous servir de témoin.

BASILE.

Eh, eh, eh;
Si le docteur...

LE COMTE, lui jetant une bourse.

Signer me semble bien facile.

BASILE.

Ah! ah! Monseigneur, signons.

SCÈNE VI.

Les Mêmes, MARCELINE, BARTHOLO, un Alcade, des Alguasils, des Valets avec des flambeaux.

BARTHOLO, voyant le comte baiser la main de Rosine, et Figaro embrasser grotesquement Basile, cric, en prenant le notaire à la gorge: Verbalisez, arrêtez ces fripons!
J'en tiens un au collet.

LE NOTAIRE.

Mais c'est votre notaire.

L'ALCADE.

Qui donc êtes-vous? quelle affaire
Vous conduit en ces lieux, à cette heure?

FIGARO.

Voilà,
Haut et puissant seigneur, le comte Almaviva;
De sa suite, j'en suis.

BARTHOLO.

Almaviva!

L'ALCADE.

Ce ne sont donc pas des voleurs?

BARTHOLO.

Laissons cela.
Comte ou non, que l'on se retire.

LE COMTE.

Mais Rosine suivra le comte son époux.

BARTHOLO.

Qu'ai-je entendu? qu'ose-t-il dire?

ROSINE.

La vérité.

BARTHOLO.

Plaisant mariage ! Y souscrire
Serait folie. Où sont les témoins ?

LE NOTAIRE.

Devant vous.

FIGARO.

Tout est bien cimenté, la résistance est vaine.

BARTHOLO.

Quoi ! vous avez signé, Basile ?

BASILE.

Il le fallait !
D'arguments séducteurs il a sa poche pleine.

LE COMTE.

Les biens vous resteront, l'abandon en est fait ;
Je me crois trop heureux de posséder Rosine.

BASILE.

L'argent vous reste.

BARTHOLO.

Vous ne songez qu'à l'argent.
Je le garde, il est vrai, mais ce n'est pas pourtant
Le motif qui me détermine.

FIGARO.

Quand la jeunesse et l'amour sont d'accord,
Un vieillard veut en vain échapper à son sort ;
Et l'on doit appeler son intrigue subtile
La Précaution inutile.

CHŒUR FINAL.

Chantons cette journée,
Pour nous/vous si fortunée,
Et qu'un doux hyménée
Toujours nous/vous rende heureux.

FIN DU BARBIER DE SÉVILLE.

Chez TRESSE, Éditeur.

OUVRAGES DE CASTIL-BLAZE.

De l'Opéra en France, 2 vol. in-8o, avec 118 exemples en musique gravée. . . .	12	fr.	»
Dictionnaire de Musique moderne, 2 vol. in-8o.	12	»	»
Chapelle musique des Rois de France, in-18.	4	»	50
La Danse et les Ballets depuis Bacchus jusqu'a Mlle Taglioni, in-18. .	4	»	50
Mémorial du Grand-Opéra, in-8o.	1	»	»
Molière musicien, notes sur les œuvres de cet illustre maître et sur les drames de Corneille, Racine, Quinault, etc., où se mêlent des considérations sur l'harmonie de la langue française, 2 vol. in-8o.	15	»	»
Huon de Bordeaux (Obéron), grand opéra, musique de Weber.	1	»	»
Léonore (Fidelio), grand opéra, musique de Beethoven.	1	»	»
Belzébuth ou les Jeux du roi René, grand opéra de Caltil-Blaze.	1	»	»
Les Noces de Figaro, opéra comique en 4 actes.	2	»	»
Don Juan ou le Festin de Pierre, opéra en 4 actes.	1	»	50
Le Barbier de Séville, opéra comique en 4 actes.	»	»	60
La Pie voleuse, opéra en 3 actes.	»	»	60
Othello ou le More de Venise, opéra en 3 actes.	1	»	50
Les Folies amoureuses, opéra bouffon en 3 actes.	1	»	50
La Fausse Agnès, opéra bouffon en 3 actes.	1	»	50
Robin des Bois, opéra féerie	»	»	60
La Forêt de Sénard, opéra comique en 3 actes.	1	»	50
M de Pourceaugnac, opéra bouffon en 3 actes.	1	»	50
L'Italienne a Alger, opéra bouffon en 4 actes.	2	»	»
La Marquise de Brinvilliers, drame lyrique en 3 actes.	2	»	»
Anne de Boulen, opéra en 3 actes.	2	»	»

SOUS PRESSE :

THÉATRES LYRIQUES DE PARIS.

L'Académie royale de Musique, Histoire littéraire, musicale, chorégraphique, pittoresque, morale, critique, facétieuse, politique et galante de ce théâtre, de 1645 à 1854, 2 vol. in-8o.	15	fr.	c.
L'Opéra-Comique, de 1753 à 1854, 1 vol. in-8o	7	»	50
L'Opéra-Italien, de 1645 à 1854, 1 vol. in-8o	7	»	50

Un Recueil, gravé de tous les morceaux de chant et de symphonie, qui, depuis deux cents ans, ont joui de la faveur du public, à ces trois Théâtres, à diverses époques, ou bien ont marqué d'heureux essais dans le progrès de l'art, sert de complément à ces trois histoires distinctes.

Paris. — Imprimerie française et espagnole de **Dubuisson** et Ce, rue Coq-Héron, 5.

www.ingramcontent.com/pod-product-compliance
Lightning Source LLC
LaVergne TN
LVHW020632110826
845149LV00004B/1147

* 9 7 8 2 3 2 9 1 0 6 7 6 2 *